LES DERNIERS JOURS

DE MA MÈRE

DÉDIÉ

A SA FAMILLE

ET A SES AMIS

PARIS

IMPRIMERIE ADRIEN LE CLERE

RUE CASSETTE, 29, PRÈS SAINT-SULPICE.

—

1862

LES DERNIERS JOURS

DE MA MÈRE

LES DERNIERS JOURS

DE MA MÈRE

DÉDIÉ

A SA FAMILLE

ET A SES AMIS

PARIS

IMPRIMERIE ADRIEN LE CLERE

RUE CASSETTE, 29, PRÈS SAINT-SULPICE.

1862
1863

A LA MÉMOIRE

DE

ÉLÉONORE LÉMEREZ

Née à Rozoy-sur-Serre (Aisne) en 1801,

DÉCÉDÉE AU PRESBYTÈRE DE JUVIGNY

Le cinq novembre mil huit cent soixante-deux

DANS SA SOIXANTE-DEUXIÈME ANNÉE.

Chers parents,

Vous voulez, comme allégement à notre commune douleur, que je livre à votre édification les consolants souvenirs des derniers jours de ma si bonne et si vertueuse Mère.

C'est vouloir rouvrir la source de mes larmes, et raviver l'amertume de mes regrets ; mais aussi n'est-ce pas offrir à mon pauvre cœur les consolations dont il est altéré ?

Oui, je vous parlerai de ma Mère.

O mort ! éloigne-toi de notre pensée,
et laisse–nous tromper, pour un peu de
temps, la violence de notre douleur,
par le souvenir de nos consolations
et de notre joie!

LES DERNIERS JOURS

DE MA MÈRE

Depuis deux semaines, de jour en jour, la santé de ma Mère allait s'affaiblissant ; des palpitations de cœur plus fréquentes, la perte de l'appétit, une faiblesse inaccoutumée, commençaient à me faire présager et craindre un acheminement vers une maladie plus sérieuse, que je n'entrevoyais pas cependant comme devant être la dernière. Mais vous, Seigneur, dans votre sagesse éternelle, en aviez décidé autrement ; et votre miséricorde vous pressait d'ouvrir le sein de votre félicité à votre fidèle servante ! C'était un fruit mûr que, sans trop de violence, vous alliez laisser se détacher et tomber dans votre main paternelle.

Une de ces maladies que ramène la saison des pluies, régnait dans le pays ; et ce qui fut pour les autres un malaise de quelques jours, devait être pour la santé affaiblie de ma Mère le principe d'une maladie mortelle. Une diarrhée des plus intenses l'affaiblit à un tel point, qu'en quatre jours elle était presque dans l'impuissance de quitter le lit. Dieu seul sait quelles furent mes alarmes, lorsque surtout je vis pour la première fois le gonflement des jambes. Je n'en doutai plus, l'hydropisie commençait : je n'avais déjà plus d'espoir.

C'était le Jeudi 30 Octobre. Ici commencent ces notes recueillies près du lit de ma Mère, qu'à son insu, au sortir de sa chambre, je confiais au papier, pour être, le reste de mon exil ici-bas, un encouragement à la vertu, et qui vont vous initier aux dernières dispositions de sa belle âme.

Je voulais m'illusionner encore ; mais pour ma Mère il n'y avait déjà plus d'illusion. « Mon ami, me dit-elle, je suis bien malade, beaucoup plus malade que tu ne le penses ; mais ne nous préoccupons de rien ; que la sainte volonté de Dieu soit faite, que la mienne soit délaissée ! » Et comme l'engorgement, qui avait commencé par les jambes, déjà se manifestait aux doigts de la main, elle retira ses bagues, bien qu'avec peine, et me les remit. La crainte de m'affliger lui fit retenir toute sa pensée ; à n'en pas douter, elle savait, en s'en dépouillant, qu'elle ne les devait plus porter.

Cependant l'état maladif de ma bonne Mère avait porté l'alarme dans le cœur des amies dévouées qui l'environnaient, et toutes semblaient se rapprocher d'elle avec d'autant plus d'empressement, qu'elles sentaient davantage que cette amitié sainte, dont elles jouissaient depuis longtemps. allait bientôt leur échapper sur la terre. Vous qui l'avez si constamment assistée, vous savez si elle ne fut pas toujours bonne, prévenante, calme et résignée, au milieu même de ses plus vives souffrances. Il vous souvient de cette réponse, alors que l'une de vous lui disait : « On est bien malheureuse, Madame, quand, comme vous, on est toujours souffrante. — Je ne suis pas de votre avis, répondit-elle : Dieu châtie ceux qu'il aime, et dès lors il me semble que chacun doit envier mon bonheur. » Et, continuant ses confidences, elle ajoutait : « J'avoue que je ne m'inquiète ni ne m'alarme de rien ; rien n'arrive que par la volonté de Dieu, et je ne veux que sa volonté sainte. Je lui dis souvent : Mon Dieu, si je suis un fruit mûr pour le ciel, prenez-moi ; sinon, laissez-moi encore quelque temps me faner sur la terre. »

Vendredi, 31 Octobre.

La nuit a été très-mauvaise ; ma pauvre Mère souffrit beaucoup ; jusqu'à une heure du matin, elle ne put prendre sommeil. « Maman, lui dis-je, si tu veux, nous allons prier ensemble la sainte Vierge : elle peut t'obtenir de Dieu un repos réparateur. » Et nous nous mîmes en prière. Elle le fit avec cette foi, cette confiance qui ne l'abandonnèrent jamais. La prière n'était pas achevée, qu'elle s'était endormie d'un sommeil calme et paisible.

Ce n'était, hélas ! qu'un allégement momentané, qu'une halte au désert, pour reprendre sa course laborieuse jusqu'à la montagne de Dieu.

Le matin en effet la revit plus souffrante ; l'hydropisie faisait des progrès effrayants :

tout le corps et chacun des membres avaient pris des proportions énormes. Elle avait hâte, la bonne Mère, de me voir quitter le lit et de me savoir près d'elle. Mais sa tendresse luttait contre sa tendresse, et la crainte de troubler un repos dont j'avais tant besoin, retenait son impatience. A peine levé, je courus au lit de ma Mère. Je la sens encore me prendre la main, la porter à ses lèvres, et, l'embrassant avec effusion : « Cher ami, me dit-elle, si tu savais combien je t'aime, et ce qu'il m'en coûte de te quitter ! Mais le bon Dieu m'est plus que toi : c'est pourquoi je te laisse volontiers pour aller à lui. »

« Mais, lui dis-je, le docteur nous donne bon espoir, il est loin de désespérer de toi. — Il n'y a que moi, me répondit-elle, qui puisse connaître ma faiblesse : je sais que je ne guérirai pas ; ne crois pas, du reste, que je veuille me rattacher à la vie. Oh ! non, il m'en coûterait beaucoup de revivre ! » Elle m'avait précédemment ajouté : « Qui m'assurera que je serai toujours aussi bien préparée à paraître devant Dieu ? »

Je voulus relever l'édredon sur sa poitrine, et je vis qu'elle tenait une croix à la main, et qu'elle la pressait sur son cœur. « Je ne savais pas, lui dis-je, que tu avais ce Crucifix. — Sans lui, me répond-elle, comment pourrais-je supporter mes peines ? Avec lui, je suis forte, je souffre tout ! Notre-Seigneur a tant souffert pour moi ! il est bien juste que je souffre aussi pour l'amour de lui. Souvent, ajoute-t-elle, je le contemple au jardin des Olives, et sa vue m'encourage. »

L'après-midi, elle me demande à se préparer par la confession à la fête de Tous les Saints. Avec quels témoignages de vive contrition ne fit-elle pas cette confession, qu'elle croyait être la dernière ! Elle ne voulut plus ensuite s'occuper que de la communion du lendemain.

Samedi, 1 Novembre,
Fête de Tous les Saints.

J'attendais le coup de minuit pour donner la sainte communion à ma Mère. Dès que j'entrai dans la chambre, je l'entendis s'écrier : « Mon Dieu, que vous êtes bon de vouloir bien vous unir à moi ! Faites que ce soit le commencement de l'union qui se continuera au ciel. »

« A vous, ma bien chère Sœur, lui dis-je, à vous les prémices de la fête de Tous les Saints. Que pouvez-vous envier aux Élus de Dieu ? Ils environnent son trône : vous allez être son tabernacle ; ils chantent ses louanges : vous souffrez pour sa gloire et son amour ; ils exécutent ses ordres : vous êtes en tout soumise à sa volonté sainte, l'harmonie du ciel n'est pas plus suave à son oreille, que votre résignation ne l'est à son cœur!

« Mon Dieu, purifiez de plus en plus mon pauvre cœur; rendez-le moins indigne de l'honneur que vous lui accordez! »

Chacune de mes paroles semblait pénétrer son âme et activer ses saintes ardeurs. « Mon Dieu, dit-elle enfin, que de grâces vous m'accordez, et combien je vous remercie! »

Je l'aidai ensuite dans son action de grâces; elle recevait mes paroles avec une avidité difficile à décrire, et les répétait dans toute l'ardeur de son âme.

Le reste de la nuit se passa au milieu d'assez vives souffrances; elle en fut sans doute d'autant plus féconde en mérites pour le ciel.

Le matin, malgré les fatigues de la nuit et son incroyable faiblesse, ma bonne Mère est calme et tranquille. « Ecoute, mon ami, me dit-elle, et retiens bien mes dernières volontés : lorsque le bon Dieu m'aura appelée à lui, je te demande de dire, pendant quatre ans, une messe chaque semaine pour le repos de mon âme ; ensuite une chaque mois, pendant tout le cours de ta vie. Surtout, mon ami, quand je ne serai plus, prends bien soin de ton père, aime-le toujours ; n'oublie pas, aussitôt que le bon Dieu m'aura appelée, de faire ton testament en sa faveur. Ne t'afflige pas de mes paroles ; puisque la volonté de Dieu est telle, il faut se soumettre avec résignation. »

Et elle ajoutait : « Mon Dieu, faites que jusqu'à la fin je sois soumise à votre volonté sainte, que je ne perde pas la couronne au moment de la recevoir. »

Et pas une larme ne mouillait sa paupière ! Elle qu'une absence de quelques heures jetait dans un ennui mortel, envisage en face la séparation dernière et ne se trouble pas !

O foi chrétienne, quelle est ta puissance !

toutes ces Dames, ses amies selon le cœur de Dieu, qui se succèdent dans sa chambre, se retirent grandement édifiées de sa patience et de sa résignation ; une foulede personnes de la paroisse viennent demander des nouvelles de sa santé.

Des bougies, allumées par des cœurs dévoués, brûlent sans cesse devant l'autel de la sainte Vierge ; mais l'arrêt était porté, et rien ne devait changer les desseins de Dieu.

Dimanche, 2 Novembre.

Cette nuit fut loin d'être sans souffrances ; cependant elle fut plus calme que de coutume ; hélas ! n'est-ce pas un calme précurseur d'un plus violent orage ? La maladie poursuit toujours sa marche ; le médecin ne trouve aucune amélioration, mais ne perd pas encore tout espoir.

« Qu'il y a longtemps que je te désire ! me dit ma Mère, dès que je fus près de son lit. Si tu savais, mon ami, qu'il y a des tentations pénibles dans ce dernier passage de la vie ! Je tremble toujours de n'avoir pas, jusqu'à la fin, la résignation qui ne m'a pas abandonnée jusqu'ici ; il est si facile de se laisser aller au découragement et de perdre le prix de ses souffrances ; je t'en conjure, prie beaucoup pour moi. »

Je lui dis : « Toutes ces Dames ont offert la sainte Communion hier, et communieront encore aujourd'hui à ton intention ; beaucoup de monde prie, des cierges brûlent sans cesse devant l'autel de la sainte Vierge. — J'en suis bien heureuse, me répond-elle, ces prières me soutiendront et me donneront du courage ; du reste, je ne désire pas qu'on demande pour moi la santé ; oh ! non ; que la volonté de Dieu se fasse, que la mienne soit délaissée ! »

Une de ces Dames qui l'environnent de leurs soins assidus, regardant d'un œil affligé l'enflure de ses mains : « Ne vous préoccupez pas, lui dit-elle ; ne me faites plus mystère de rien ; je suis maintenant indifférente à tout ; que la seule volonté du bon Dieu s'exécute, que la sainte volonté de Dieu se fasse, je ne m'inquiète de rien. »

Lui arrivait-il, au commencement de cette dernière maladie, de laisser échapper une plainte légère, telle que : « Mon Dieu que je souffre ! » ou de verser quelques larmes arrachées par la douleur, je l'entendais s'écrier aussitôt : « Mon Dieu, je vous demande pardon ! devrais-je me plaindre d'être aimée de vous, et je sais que vous ne châtiez que par amour ! » Mais, durant les jours qui précédèrent sa sainte mort, jamais je n'entendis une seule plainte s'échapper de ses lèvres. Souvent au contraire elle répétait : « Mon Dieu, que vous êtes bon ! je vous bénis de toutes choses ! je vous aime de tout mon cœur ! »

Elle me redisait encore ce qu'elle m'avait dit déjà : « Je dis au bon Dieu : Seigneur, si je suis un fruit mûr pour le ciel, je vous en prie, prenez-moi bientôt ; mais si je suis encore trop verte, laissez-moi mûrir autant qu'il le faudra ! » Et, convaincue que la main de Dieu devait la cueillir en son temps, elle attendait, dans l'attitude de la plus parfaite résignation, l'heure de sa maturité.

Il dut, sans doute, y avoir des luttes pénibles à engager pour garder la patience sous l'aiguillon du mal, dans cette maladie qui, en huit jours, devait aboutir à une hydropisie de tout le corps ! Et cependant la douleur ne lui arracha d'autres plaintes que celles-ci : « Mon Dieu, ayez pitié de moi ! Mon Dieu, que vous êtes bon ! Je vous remercie de tout mon cœur des grâces que vous m'accordez ! soyez béni de toutes choses ! »

Telle était sa faiblesse, qu'à peine elle pouvait faire le moindre mouvement sans être prise d'une lassitude, d'un épuisement, qui la suffoquait. Alors, s'il arrivait que, avec trop d'empressement, on vînt lui offrir une potion à prendre : « Je vous en prie, disait-elle, laissez-moi un moment. » Et dans cette prière il y avait une expression de bonté et de douceur que je ne puis exprimer. Souvent on insistait. « Si vous le voulez, continuait-elle, je me soumets. » Et elle prenait ce qui lui était offert.

Elle avait surtout une répulsion en apparence insurmontable pour une potion à prendre par cuillerée, d'heure en heure. Convaincue qu'elle était, que c'était le principe de son extrême faiblesse et de sa diarrhée continuelle, elle remerciait tout d'abord ; puis un peu d'instance la lui faisait prendre avec résignation. Mais lorsque, après la même prescription réitérée par le docteur, je lui eus dit que le mieux, quel qu'en dût être le résultat, était de se soumettre aux ordonnances du médecin, en qui nous pouvons voir l'instrument de Dieu même, elle n'hésita plus jamais ; elle la demandait même, et la prenait sans la moindre répugnance apparente.

Pauvre Mère ! que de fois, lorsque je la voyais épuisée de douleur et de lassitude, je l'embrassai avec effusion, comme pour lui offrir un léger adoucissement, en dilatant un peu son cœur si tendre ; mais, pouvant à peine répondre à mes caresses, elle ne savait que dire : « Prie le bon Dieu pour moi, mon ami ; si tu savais quel besoin j'en ai, et comme je tremble toujours de céder, avant le terme, au découragement qui veut quelquefois s'emparer de moi ! »

Un soir, c'était l'avant-veille de sa mort, je la prenais dans mes bras pour la changer de lit (je pouvais seul lui rendre ce service) ; mais, comme ses enflures étaient énormes, le poids du corps m'entraînant, je la laissai tomber, plutôt que je ne la posai, sur le lit ; aussitôt je la vis pâlir et presque expirer d'épuisement. « Je t'ai fait mal, lui dis-je, que j'en suis désolé ! — Ce n'est rien, me répond-elle avec sa bonté ordinaire, seulement laissez-moi un instant me reposer. » Et lorsqu'après dix minutes le calme, si l'on peut appeler calme son état de souffrance habi-

tuel, parut un peu renaître, je ne reçus pas
le moindre reproche, pas la moindre obser-
vation. La bonne Mère ! elle sentit que
j'étais assez puni par la peine intérieure
d'avoir augmenté ses souffrances !

Lundi, 5 Novembre.

Le matin je suis seul avec ma Mère. « Peut-être ne devrais-je pas te l'avouer, mon ami, me dit-elle : j'avais demandé au bon Dieu d'aller célébrer la fête de Tous les Saints dans le ciel. Je l'ai espéré d'abord ; mais le bon Dieu a trouvé que je n'étais pas encore bonne à prendre ; cependant je sens que je ne puis pas beaucoup tarder. Quelque chose me disait hier que je devais relever de cette maladie ; mais je sais que ce n'est pas la sainte Vierge : c'est le petit malin, qui veut me tromper et me rattacher à la vie. » Puis elle continue : « Surtout, mon ami, sois toujours un saint prêtre ; je ne serai plus là pour t'aider de mes conseils ; mais j'espère que tu ne sortiras jamais du sentier de la vertu. »

« Comme tu as été longtemps ! et que je

m'ennuyais de ne pas te voir ! me dit-elle ,
à mon retour de la première messe. Je voudrais te parler seule. » Mais, comme il y a
du monde autour d'elle, elle aime mieux
différer. Après la seconde messe, mon action
de grâces achevée, de nouveau je reviens
près de ma Mère. « Mon ami, me dit-elle
tu sais que, toute ma vie, j'ai demandé au
bon Dieu une longue agonie, afin d'être
mieux épurée ; je crains que cette grâce
ne me soit retardée, si tu ajournes de me
donner l'Extrême-Onction ; quoi qu'en dise
le médecin, je veux que tu me donnes les
derniers sacrements ; ensuite, si le bon Dieu
le veut, il m'épurera avant de m'appeler à
lui. Je vais encore te dire un désir : je veux
que tu consacres en bonnes œuvres, pour le
repos de mon âme, une somme d'argent
(qu'elle me désigne) ; la plus large part,
après les pauvres, en reviendra à la Propa-
gation de la Foi ; seulement je t'accorde pour
cela toute la latitude dont tu auras besoin. »

Je promets à ma Mère d'observer ses volontés avec le plus religieux respect. « Écoute encore, mon ami, me dit-elle ; surtout, je t'en conjure, sois toujours, toute ta vie, un bon, un saint prêtre ; tu sais que ce fut l'objet de mes prières continuelles. Aie bien soin de ton père, et prie beaucoup pour lui. Quand je serai au ciel, je prierai pour vous, pour tous ceux que j'aime, pour ta persévérance surtout. » Je sentais l'émotion me gagner, je la quittai un instant.

Bientôt je remontai ; j'avais à lui annoncer une bonne nouvelle : deux pauvres vieillards arrivaient providentiellement à la fin du dîner. « Le bon Dieu, lui dis-je, nous envoie deux malheureux ; ils sont à la cuisine, et c'est pour toi que nous offrons à Dieu le dîner qu'on leur prépare.—Que je te remercie, me dit-elle, je suis bien contente ! »

Pauvre Mère, ses bras enflent de plus en plus et ses mains aussi ; rien de tout cela ne l'inquiète : c'est la volonté du bon Dieu.

Cependant elle ajoute : « Dis-le moi bien franchement : que penses-tu de mon mal ? Crois-tu que je mourrai bientôt ? — Mais, Maman, tu sais, nous ignorons les desseins du Seigneur ; nous n'avons qu'une seule chose à faire, c'est de nous soumettre à sa volonté sainte, et d'attendre en toute résignation qu'elle s'exécute.   Ah ! sans doute, me dit-elle, c'est bien ma pensée ; ne crois pas que je craigne de souffrir : non, je ne crains pas les souffrances ; mais j'appréhende une longue maladie, à cause des longs soins qu'il faudra me prodiguer, et des embarras que je vais causer à tant de personnes qui me sont dévouées. »

Vers deux heures, elle reçoit la visite d'un prêtre du voisinage. « Que vous êtes bon, Monsieur, lui dit-elle, de me venir voir ! je vous en remercie beaucoup ; je vous demande pardon de vous recevoir si mal ; mais, vous voyez, je ne suis plus capable de rien. Quand nous nous reverrons désormais, ce sera au ciel ; je désire beaucoup qu'il en soit ainsi. » Et au milieu des pleurs de tous ceux qui l'environnent, seule elle a la voix ferme et les yeux secs.

Le docteur arrive, il ne trouve pas d'amélioration dans l'état de notre chère malade ; cependant il conserve encore bon espoir : il compte sur les résultats d'un médicament nouveau.

Tous nous saisissons cette dernière branche de salut ; pour elle, toujours ferme dans son abandon à la volonté de Dieu, elle refuse de se rattacher à la vie, et préfère s'alimenter de l'espoir moins trompeur de la bienheureuse immortalité.

Les visites se succèdent sans interruption ; chacun veut savoir le résultat de cette consultation. Je dis à ma Mère combien elle est l'objet des sympathies communes : « Vraiment, me répond-elle, j'en suis confuse ! Qu'ai-je fait pour mériter d'être l'objet de tant de bontés ? »

Mardi, 4 Novembre.

Ma bonne mère est plus mal ; la nuit a été mauvaise et très-agitée. « Qu'il m'ennuie de ne pas te voir près de moi, me dit-elle le matin ; plus que jamais, mon ami, j'ai besoin de ton assistance ; si tu savais que de moments pénibles il me faut passer ! Je suis souvent tentée de découragement, et je tremble de perdre la couronne. — Mais, lui dis-je, tu oublies donc tant de prières que l'on adresse au bon Dieu pour toi, les communions ferventes que l'on fait souvent, la sainte messe que j'offre tous les jours à ton intention ? Et puis, est-ce que la sainte Vierge, que tu as toujours tant aimée, si bien servie, pourra jamais t'abandonner ? — Tu as raison, me dit-elle, tes paroles me font du bien. » Et ensuite elle se plaît à répéter souvent : « Mon Sauveur Jésus, ne m'abandonnez pas ! ayez pitié de moi ! Mon Dieu, faites-moi miséricorde ! Bonne sainte Vierge, soyez mon salut ! »

Elle me prie en grâce de lui donner la sainte communion en Viatique et l'Extrême-Onction ; je ne la crois pas si proche de sa fin ; cependant, je cède à ses désirs, et après la sainte messe, que j'offre à Dieu pour elle, je lui apporte les derniers sacrements.

« Ma chère Sœur, lui dis-je, voilà votre Seigneur et votre Dieu qui vient vous donner un nouveau gage de l'union immortelle qu'il veut contracter avec vous ; dilatez pieusement votre cœur, et que rien ne fasse obstacle à cette union précieuse, qui doit se consommer au ciel. Déjà vous avez redit ces paroles du Prophète-Roi : Mon cœur s'est réjoui, lorsqu'il m'a été dit : Vous irez dans la maison du Seigneur. Maintenant qu'il va vous être donné de goûter combien le Seigneur est doux, vous emprunterez le langage du saint vieillard Siméon, et, après avoir reçu dans votre cœur Celui qu'il tint entre ses bras, plus que lui vous serez fondée à dire : Maintenant, Seigneur, la mort n'a plus rien qui m'effraye, puisque mes yeux ont vu mon Sauveur ; que mon cœur est devenu son tabernacle ! Qui brisera les liens qui me retiennent captive et m'empêchent de m'unir à vous pour l'éternité ?

« O mon Dieu, que n'ai-je la pureté des anges, pour vous offrir un cœur un peu moins indigne de votre sainteté et de vos grandeurs ! »

Avec quelle avidité elle goûtait ces paroles et les redisait après moi !

Je l'aidai encore à faire son action de grâces ; mais, dans la sainte ardeur dont je la vois pénétrée, elle dévance mes pensées et achève mes phrases à peine commencées.

« Seigneur, disait-elle, je m'unis à vous sur la terre ; que vous êtes bon de le permettre ! que ce soit pour l'éternité ! Mon Dieu, je quitte tout pour vous, même ceux que j'aime le plus, parce que vous m'êtes plus que tout le reste ! Mon Dieu, je veux vivre et mourir dans votre grâce et votre saint amour ! » Et, s'adressant à ceux qui l'environnent : « Si le bon Dieu me reçoit dans le ciel, je prierai bien pour ceux que je laisse sur la terre. Je souffre volontiers pour l'amour de vous, Seigneur, disait-elle encore ; vous avez tant souffert pour moi ; mais qu'est-ce que quelques jours de souffrances pour obtenir une éternité de bonheur ? Non, m'avait-elle déjà dit, je ne crains pas de souffrir ; j'en serai mieux épurée. »

Elle se recommande aux prières de toutes les personnes présentes ; elle-même répond aux prières de l'Extrême-Onction, et, comme je ne fais pas l'onction sur la poitrine, elle me dit : « Mon ami, tu oublies de me faire l'onction sur le cœur. »

Elle est d'un calme parfait et inaltérable, et elle ne sait ensuite que répéter : « Mon

Dieu, que vous êtes bon ! que de grâces vous m'accordez ! »

Cette après-midi, ma bonne Mère est presque toujours assoupie ; elle parle constamment du bon Dieu, de la sainte Vierge ; mais déjà il est facile de s'apercevoir qu'il y a peu de suite dans ses idées.

Je lui suggère de dire : Doux cœur de Marie, soyez mon salut ! « Tu as raison, me dit-elle avec vivacité ; oh ! je vais le répéter souvent dans mon cœur ! Si tu savais, mon ami, je ne pense presque plus à rien ; je t'en conjure, prie pour moi. Tu trouveras peut-être que je ne te témoigne pas assez d'affection ; mais, vois-tu, je ne suis plus capable de rien ; à peine puis-je faire quelques élans de cœur vers le bon Dieu ! Surtout, prie beaucoup pour moi !

« Que j'ai soif ! ajoute-t-elle, ma langue est desséchée. » Et je lui déposai un grain de raisin sur les lèvres. « Comme cela me rafraîchit bien ! Mais, vraiment, c'est trop bon pour moi. »

Même pendant son sommeil apparent, je l'entends souvent répéter : « Mon Dieu, ayez pitié de moi ! faites-moi miséricorde ! » Je lui rappelle de nouveau qu'il est bon de dire aussi : Doux cœur de Marie, soyez mon salut ! puisqu'à cette invocation sont attachés trois cents jours d'Indulgence. Elle s'écrie : « C'est vrai ; moi qui l'ai tant de fois répété dans ma vie, je l'oublie maintenant. Doux cœur de Marie, soyez mon salut ! soyez mon salut ! » Et elle ajoute : « Oui, j'en suis sûre, la sainte Vierge ne m'abandonnera pas. » Et en retombant dans son assoupissement elle répète encore : « Elle ne m'abandonnera pas ! non, j'en suis sûre, elle ne m'abandonnera pas ! »

L'après-midi, elle désire se confesser de nouveau, et recevoir l'absolution ; elle s'y prépare de toute son âme, au milieu des plus admirables élans d'amour de Dieu.

Je ne pouvais que vous rendre grâces, Seigneur, de tant de consolations au milieu de tant de tristesses.

Je demande à ma chère malade si elle n'a pas encore quelques recommandations à me faire. « Il me semble, me répond-elle, que j'ai à peu près tout dit. Je voudrais bien te confier comment j'entends distribuer mes vêtements, et tout ce qui fut à mon usage ; mais je suis trop épuisée pour entreprendre cela maintenant ; seulement, il est une personne qui, peut-être, me suppose un peu d'aversion pour elle. Je désire, pour lui prouver le contraire, que tu lui donnes une de mes robes. »

J'étais dans ma chambre, lorsqu'on vient me dire que ma Mère me désire ; qu'elle me veut près d'elle, pendant qu'on lui frictionnera la région du cœur, parce qu'elle craint de passer dans cet intervalle. Je lui dis : « Maman, tu veux donc cette friction ? — Mais, mon ami, me répond-elle, je ne désire rien : fais ce que tu veux ; car, vois-tu, ce n'est pas que j'espère la santé ; non, je ne désire pas de vivre ; mais n'est-ce pas la volonté du bon Dieu que je suive l'ordre du médecin ? Maintenant, je ne veux plus que t'obéir ! »

Je l'entends dire à ces Dames qui l'environnent de leurs soins empressés : « Que vous êtes bonnes, Mesdames ! que vous êtes bonnes ! Vraiment, je ne mérite pas tant de bontés ! »

Un prêtre, son neveu, lui dit que demain il offrira pour elle la sainte Messe : « Merci, lui dit-elle ; mais, je vous en prie, ne demandez qu'une chose : que la volonté du bon Dieu s'accomplisse ; je ne veux, je ne désire que cela. » Il s'éloignait, qu'elle lui criait encore : « Surtout, ne demandez que la volonté de Dieu. »

Cependant la triste nouvelle de sa maladie était connue à Rosoy-sur-Serre ; j'avais écrit à notre bonne famille, dans des termes, il est vrai, moins alarmants que n'était la réalité, mais qui l'étaient assez toutefois pour semer l'inquiétude dans tous les cœurs.

Vers le soir, une sœur et un neveu de ma Mère nous arrivaient de Rosoy. J'allai l'en prévenir : « Veux-tu, lui dis-je, que je les prie de monter tout de suite? — Je suis bien heureuse de les voir, me répond-elle ; mais, pour le moment, je suis un peu émue ; attendons un instant. »

Peu après, elle les embrassait avec effusion et en s'écriant : « Que le bon Dieu est plein de bonté pour moi! il me réservait cette nouvelle consolation avant de mourir ! »

C'était, en effet, la dernière joie qu'elle devait éprouver sur la terre ; encore fut-elle de bien courte durée: car cette expansion de son cœur si tendre sembla avoir épuisé ce qui lui restait de forces, et plus que jamais elle retomba dans son assoupissement.

Cependant les larmes et les sanglots écla-
taient autour d'elle ; elle le remarqua : « Ne
pleurez pas, dit-elle, ne pleurez pas : que
la volonté du bon Dieu s'accomplisse ! »

Plusieurs de ses proches et de ses amis sont
tellement convaincus de la sainteté de ses
dispositions, qu'ils me chargent d'une mission douce, mais pénible à remplir : celle de
la prier, quand elle sera au ciel, de demander au bon Dieu les grâces dont ils ont besoin. Je m'exécute ; elle m'écoute avec le plus
grand calme, et chaque fois elle me répond :
« Mais que de purgatoire il me faudra faire
avant d'aller au ciel ! Du reste, ces recommandations ne sont pas nécessaires : car
comment oublierais-je ceux que j'ai aimés
sur la terre, et qui ont été si bons pour moi !
Je demanderai surtout que tu sois toujours
un saint prêtre : ô mon ami, ne t'écarte jamais du sentier de la vertu, de la voie droite
qui mène à Dieu. » Je lui promis de suivre
ses conseils, et intérieurement, Seigneur, je

vous remerciais des grâces et des consolations que vous daigniez m'accorder, comme
compensation à mon immense douleur.

Je ne puis rendre, mais j'ai toujours dans
l'oreille, et surtout dans le cœur, l'expression
de sa voix qui, au milieu de ses continuelles
fatigues et de ses souffrances, ne sait que
répéter : « Mon Dieu, que vous êtes bon !
que de grâces vous m'accordez ! Mon Dieu,
ayez pitié de moi ! Mon Dieu, faites-moi
miséricorde ! Mon Dieu, je vous aime de
tout mon cœur ! soyez béni de toute chose ! »

Je lui dis : « Maman, tu te plains ; tu as
donc du mal ? — C'est donc mal de se plaindre ? me répond-elle ; si c'est un péché, dis-
le-moi, mon ami, je ne me plaindrai plus,
ou je ferai tous mes efforts pour ne plus me
plaindre. » Et comme je lui assurai que ces
émissions de voix arrachées par la douleur
ne sont pas une faute : « Alors laisse-moi
continuer : je suis peu maîtresse de cela, et

il me semble que j'y trouve un léger soula-
gement. »

« J'ai bien soif, me disait-elle ; oh! que
j'ai soif! — Mais sur la croix, lui dis-je,
Notre-Seigneur eut soif aussi, et il n'avait
que du fiel et du vinaigre ! — C'est vrai,
je ne me plaindrai plus. »

Elle tenait étroitement serré son Crucifix :
« Sans lui, me dit-elle, sois certain, mon ami,
que je ne pourrais souffrir. Avec lui, je sup-
porte tout, je souffre tout et sans peine. Je
suis entre la sainte Vierge et saint Joseph ;
ce sont eux qui m'assistent et m'encouragent
aussi. Bonne sainte Vierge, vous que j'ai tant
aimée pendant ma vie, ne m'abandonnez
pas ! Je vous tiens par la main (elle serrait
la main comme si elle tenait celle de la sainte
Vierge), et je ne vous lâcherai pas jusqu'au
dernier soupir. »

Cette après-midi, je la disposai à gagner
l'Indulgence plénière : « Je désire vivement
la recevoir, me dit-elle ; ne tarde pas à me

l'appliquer. » Je commençai la prière ; mais elle m'arrêta pour me dire : « Il faut du temps pour me bien préparer, pour faire des actes d'amour de Dieu dans mon cœur. » Et elle répétait tout haut : « Mon Dieu, je vous aime de tout mon cœur ! Je désire être à vous, je veux vivre et mourir dans votre saint amour ! Aide-moi, mon ami, continuait-elle, seconde mon impuissance. »

Peu après, elle retombait dans un assoupissement plus profond, accompagné d'une grande gêne de respiration. La prière que, durant sa vie, elle avait souvent faite à Dieu, allait être exaucée ; c'était le commencement de cette longue, mais douce agonie, qui devait se terminer par une mort si précieuse devant le Seigneur.

Mercredi, 5 Novembre.

Ma Mère, ma si bonne Mère, n'est plus de ce monde ! elle a remis sa belle âme entre les mains de son Créateur !

Hier soir vers huit heures, je la croyais endormie, et son sommeil, bien que pénible, me paraissait un repos réparateur. Quelle erreur était la mienne !

A peine étais-je au lit depuis une heure, que l'on frappe à la porte de ma chambre : « Madame Petit va plus mal ! » me dit-on. Je me lève en toute hâte ; et en effet ma pauvre Mère touchait au terme si désiré par elle, mais si redouté de mon père et de moi : elle était en pleine agonie !

Je lui parlai, et je n'en pus obtenir que quelques paroles interrompues et sans suite ; alors, je réveillai tout le monde, et bientôt nous entourions son lit de douleur, fondant en larmes. Elle ne parut pas s'en apercevoir. Cependant, je lui suggérai quelques saintes pensées, qu'à mon grand étonnement je l'entendis répéter après moi. Puis, je tombai à genoux et je récitai les prières des agonisants.

La prière achevée, je revenais assister ma Mère, et, pressant sa main dans la mienne, le front appuyé sur son front ou sur son oreiller, j'attendais la fin de la lutte suprême.

En vain je lui parlai ; elle était sourde à mes adieux ! Je demandai au Seigneur le courage et la force nécessaires, et je me mis, par intervalles de quelques minutes, à lui suggérer des élans d'amour de Dieu, des invocations à la très-sainte Vierge. En même temps, ô merveilleux effet de la foi vive, de la tendre piété de ma Mère ! je la vis revivre ; ses yeux s'ouvrent comme par enchante-ment, ses lèvres me sourient, et elle s'efforce de répéter après moi : « Bonne sainte Vierge, venez à mon secours ! » Je lui suggérai encore d'autres invocations, telles que : Doux cœur de Marie, soyez mon salut ! Mon Jésus, miséricorde ! Mon Dieu, je vous donne mon cœur ! Mon Dieu, je vous aime ! Mon Dieu, je remets mon âme entre vos mains ! etc. Et, pendant quatre heures, je la vis toujours empressée et heureuse de redire mes paroles, bien qu'elle fût insensible à toute autre manifestation.

A un moment plus pénible, je la vis remuer les lèvres ; je prêtai l'oreille et je l'entendis renouveler l'acte de contrition.

Que de fois, d'elle-même, elle a répété : .« Mon Dieu, je vous aime, je vous remercie de toutes vos grâces ! mon Dieu ! mon Dieu ! Jésus ! Marie ! Marie ! bonne sainte Vierge, soyez mon soutien ! » ou plutôt encore : « Ne m'abandonnez pas ! si vous m'abandonnez, je suis perdue ! »

Oh ! la bonne Mère ! Comme nous étions

tous émerveillés, je dirais presque ravis de cette étincelle de bonheur, qui soudain brillait dans ses yeux et sur ses traits, dès qu'on lui parlait de la sainte Vierge ! Les noms de Jésus, Marie, étaient son seul aliment, plus suave à ses lèvres qu'un rayon de miel, plus harmonieux à son oreille que la symphonie la plus ravissante, plus doux à son cœur que toutes les jubilations de la terre !

« Je vous aime, bonne sainte Vierge, redisait-elle, je vous ai toujours aimée! — Veux-tu, lui dis-je, baiser la statue de la sainte Vierge ? » Et elle s'efforçait de répondre : « Oh! oui, je veux bien ! » Mais, ce désir une fois émis, elle retombait dans sa somnolence, et n'avait pas même la force de contracter les lèvres, pour baiser l'image de celle à qui elle témoignait tant d'amour.

Cependant, les idées s'obscurcissaient de plus en plus ; à minuit, la respiration était beaucoup plus irrégulière et annonçait une fin, hélas ! toujours trop prochaine !

Oh ! comment redire les tortures de mon cœur ? J'étais là, les yeux fixés sur ma Mère et recueillant chaque soupir comme devant être le dernier ! Une fois encore je lus tout haut en français les prières des agonisants ; pendant toute son agonie, toujours quelqu'un de nous était en prière.

Il était une heure du matin, et ma bonne Mère respirait encore ; une sueur, tantôt froide, tantôt chaude, lui mouillait le visage.

Je sentais se refroidir insensiblement cette chère main, que je tenais toujours pressée dans la mienne, et dans laquelle je maintenais un Crucifix. Je sentais ruisseler une sueur froide sur ce front contre lequel était appuyé mon front. Mon attente était plus douloureuse que jamais ! De temps à autre ma chère malade soulevait péniblement la tête en disant : « Mon Dieu ! ô mon Dieu ! »

chacun de nous l'embrassait, mais n'en recevait aucun témoignage de réciprocité.
Enfin, il était une heure et un quart, un
soupir plus profond et plus prolongé que
les autres augmente nos alarmes. Depuis
quelques minutes, le râle de la mort se fait
entendre dans la poitrine ; elle veut expec-
torer, mais n'en a pas la force.

O moment le plus douloureux de ma vie !
pauvre cœur, qui pourra raconter tes tortures, redire tes angoisses ? Un second et
plus profond soupir s'échappe de nouveau,
et il est suivi d'une respiration courte et
saccadée, qui dure encore quelques minutes.
Enfin l'heure de l'éternité a sonné pour ma
tendre Mère ; elle soupire longuement pour
la troisième fois ; à n'en pas douter, c'était
le dernier soupir. Tous nous la croyons
morte. Je renonce à dépeindre la scène qui
se passa alors : c'était à qui se précipiterait
sur ce corps privé de vie et l'embrasserait
avec effusion. Moi, tout d'abord, j'embras-

sais ma Mère, je collais mes lèvres sur ce front froid et glacé, je la serrais dans mes bras ; déjà ce que je tenais m'échappait malgré mes étreintes.

Cependant, la foi bientôt l'emportait sur la nature ; je sentais que ce corps sans vie devait être moins l'objet de ma tendresse que l'âme immortelle. Je tombai à genoux, et d'une voix haute, mais pleine de larmes, je récitai en français la prière pour l'âme qui vient d'abandonner son corps.

Mais quoi ! j'entends un nouveau soupir s'échapper des lèvres de ma Mère ! « Mon Dieu, m'écriai-je, elle vit encore ! » Chacun se relève et fixe ma chère Mère, avide de recueillir ses derniers signes de vie. Son âme fut encore quelques instants à se détacher de sa prison, et, à n'en plus douter cette fois, elle avait pris son vol vers sa demeure éternelle !

« O ma bonne Mère, m'écriai-je, Dieu te juge maintenant ! ta sentence est portée ;

elle est favorable sans doute ; mais prions, prions tous ! » Et nous tombions à genoux, et je repris la prière interrompue, au milieu de nouvelles larmes et de nouveaux sanglots.

Je n'avais plus de mère sur la terre ! mais vous, ô mon Dieu, vous connaissez ma ferme espérance ; vous savez avec quelle vive confiance je crois avoir une protectrice dans le ciel ! puissé-je, bonne et chère Mère, mourir un jour comme toi de la mort des justes !

O belle, ô sublime, ô admirable fin ! quelle foi ! quelle constante patience ! quelle résignation ! Est-ce là mourir ? n'est-ce pas plutôt fermer les yeux pour s'endormir paisiblement ?

Mon Dieu, que vous êtes bon ! vous m'affligez grandement, mais quelles suaves consolations vous savez verser dans mon pauvre cœur !

Son agonie avait été au moins de cinq

heures ; ce fut une longue, mais douce agonie. Ainsi le Seigneur lui accordait, en le lui adoucissant, le vœu de toute sa vie.

Jusqu'à quatre heures je restai en prière, tantôt dans ma chambre tandis qu'on appropriait le corps, tantôt près de ma Mère. C'est alors surtout qu'on vit les effrayants progrès de la maladie : tous les membres étaient énormes d'enflure, et la partie extérieure de la région du cœur, toute noire de sang extravasé. Comme elle a dû souffrir, cette bonne Mère ! et quelle fut par conséquent sa patience, elle dont les lèvres ne s'ouvrirent jamais à une plainte amère !

Ce matin, elle est exposée sur son lit funèbre, je dirai le visage plus beau, plus calme que durant sa vie. Ses lèvres semblent sourire, et les nombreux visiteurs qui viennent prier près d'elle en sont frappés. Pas un qui n'en fasse la remarque, et qui n'admire, même dans la mort, le calme et la résignation de toute sa vie.

Pour moi, je ne puis me lasser de la contempler ; elle m'offre l'image de la sérénité, du bonheur, de la félicité, qu'elle goûte près du Dieu qu'elle a tant aimé ! J'entends dire : « Ne semble-t-il pas qu'elle nous sourit du haut du ciel ? »

O ma chère et tendre Mère, qui viendra guérir la plaie de mon cœur, et me donner, non plus seulement l'espérance, mais l'assurance de ton bonheur ? eh quoi ! pour moi, qui t'ai si bien connue, si bien appréciée, cette confiance si fondée n'équivaut-elle pas à une presque certitude ?

Bon nombre de personnes de la paroisse se pressent autour du lit funèbre ; j'en pleure, mais j'en suis consolé. Toutes ces Dames ses amies, plusieurs de ces Messieurs viennent aussi ; comme elle était aimée ! Pour moi, je pleure, je me console pour pleurer encore ! Je pense et je repense à ses admirables dispositions, afin d'y chercher une consolation que j'y trouve en effet, mais qui ne peut empêcher tous mes regrets. O mon Dieu ! vous savez avec quelle sincérité je vous demande d'être, dans tout le cours de ma vie, encouragé par le souvenir des vertus de ma Mère ! puissé-je vivre et mériter surtout de mourir comme elle !

Jeudi, 6 Novembre.

A peine levé, je cours à ma Mère. Je puis encore couvrir de tendres et pieux baisers ce corps qui fut l'habitation d'une si belle âme ! Comme il est froid et glacé ! Je me hasarde, poignante illusion ! je me hasarde à redire à son oreille ces paroles qu'elle a si souvent et si délicieusement répétées : « Doux cœur de Marie, soyez mon salut. » Il me semble qu'elle va les redire encore. Hélas ! sa bouche est muette ! ses yeux éteints ne sont plus l'expression de sa douceur ! Cependant, son visage n'a rien perdu de sa sérénité d'hier, il semble sourire encore, et la mort en elle, pour les autres pas plus que pour moi, n'a rien qui inspire la frayeur.

Il est un souvenir, bons parents, qui toujours sera cher à mon cœur : parmi tant de gages de l'amitié qui nous unit, je compterai désormais, et je placerai tout d'abord cet empressement avec lequel vous accouriez pour mêler vos pleurs à mes pleurs, vos regrets à mes regrets. Oui, j'ai senti mes larmes couler moins amères en se mêlant aux vôtres ; et, lorsque je vous vis priant et pleurant aux pieds de ce lit mortuaire, ma douleur me parut allégée de toute l'intensité de votre douleur. Soyez-en bénis mille fois ! Que le Dieu qui sait le fond de mon cœur, daigne acquitter toute la dette de ma reconnaissance, et vous combler de ses grâces et de ses faveurs !

Vendredi, 7 Novembre.

Qu'une nuit est longue et douloureuse, quand le sommeil n'en vient pas tromper la durée ! Après avoir prié quelque temps près de ma Mère, et embrassé une fois encore son corps inanimé, j'allai me jeter sur mon lit. Alors l'immensité de mon malheur, la perte trop réelle que j'avais faite, bouleversant mon esprit et me navrant le cœur, j'essayai de prendre un peu de repos ; mais ce fut en vain. De grand matin j'étais près de la couche funèbre, où j'allais m'agenouiller une dernière fois ! c'était le jour des funérailles.

Je n'étais pas seul à regretter de n'avoir pas un portrait qui nous rappelât ces traits si chéris ; du moins désirai-je, comme dédommagement, conserver l'empreinte de ce visage qui, dans la mort, gardait si bien l'expression de la candeur et de la sérénité de l'âme qui l'avait animé. Un photographe, averti la veille, nous arrivait. Après plu sieurs essais infructueux, nous sommes assez heureux pour obtenir un résultat satis-faisant. Ainsi, nos yeux pourront longtemps encore contempler son visage, et nous rap-peler combien il est doux de mourir, quand on a si saintement vécu.

L'heure des funérailles est arrivée ; le cercueil est là ; on y va déposer le corps inanimé de ma tendre Mère ! Mon émotion est vive sans doute, et mon cœur déborde d'amertume ; mais la source de mes larmes semble tarir ; elle est impuissante à suffire à l'expression de tant de douleur !

J'avoue que, retranché dans mon afflic-tion, uniquement à mes pensées de deuil, je ne pus me préoccuper des derniers hon-neurs à rendre à ma Mère, et de la faire sui-vre d'un cortége plus ou moins nombreux ;

cependant, près de vingt prêtres assistent au convoi, et je vois une foule compacte partager ma douleur. Bonne Mère, tous ceux qui l'ont connue ne l'ont-ils pas aimée ? Le deuil est dans tous les cœurs, et des larmes véritables et sincères coulent de tous les yeux.

Son époux pleurait : qui jamais regretta une meilleure épouse ?

Ses proches pleuraient : tous n'ont-ils pas éprouvé son dévouement sans bornes, son intarissable amour ?

Ses amies pleuraient : elles perdaient une confidente de leurs peines, prudente et discrète.

Était-il autour d'elle un seul cœur indifférent ? Vous, surtout, vous versiez des larmes amères et pleines de regrets, vous que, si souvent, elle combla de ses bienfaits, pauvres de Jésus-Christ ; vous pleuriez une bienfaitrice, qui vous aima plus que vous ne pouvez l'apprécier encore.

Mais qui pouvait pleurer plus que moi ? Toutefois, Seigneur, vous me donniez la force de vous bénir encore ; car le cœur d'un fils peut-il être insensible à tant de sympathie accordée à sa Mère, et l'éloge de ses vertus, qui découlait de toutes les bouches, ne tombait-il pas sur mon âme desséchée comme une rosée rafraîchissante, qui tempérait l'ardeur de mes regrets.

Ces édifiants souvenirs de ma vertueuse Mère, n'ont rien qui puissent nous surprendre. La mort, on l'a dit souvent, n'est que l'écho de la vie ; ma Mère devait donc être, dans la mort, ce qu'elle fut dans la vie : or, de tout temps elle s'était exercée à la pratique de toutes ces vertus que nous voyons jeter un dernier et si vif éclat.

De bonne heure, par les soins d'une pieuse et sainte mère, le Seigneur avait versé dans son âme sa crainte et son amour. Combien de fois ne le pria-t-elle pas de conserver en elle ce précieux trésor, ou d'abréger ses jours, s'il prévoyait, qu'en les prolongeant, elle aurait enfin le malheur de le perdre !

Vous savez, vous qui l'avez connue, la bonté intarissable de son cœur, et la sympathie respectueuse dont elle fut toujours environnée ; vous savez sa compassion pour les malheureux : vit-elle jamais quelqu'un dans le besoin sans lui porter secours ? Que de fois son repas commencé fut abandonné, pour passer aux mains de l'indigent sur le seuil de la porte ! quel n'était pas son bonheur, lorsque la Providence lui envoyait un pauvre vieillard, pour partager la table commune !

Pour elle les repas n'étaient pas un aliment à la sensualité ; souvent elle laissait ce qu'elle aimait le mieux, et jamais peut-être elle ne quitta la table sans s'être imposé quelque privation ; mes instances réitérées lui arrachaient cet aveu, qui trahis-

sait son secret : « Mais, mon ami, laisse-
moi, je te prie, offrir quelque chose au bon
Dieu. »

Ses amies selon le cœur de Dieu (elle
n'en eut jamais d'autres) peuvent dire quel
fut son esprit de conciliation, qui toujours
la portait à réunir les cœurs divisés; sa
discrétion et sa prudence, et quelle sécurité
on trouvait en elle. Mais à moi, plus qu'à
tout autre, il appartient de connaître son
amour maternel, et la tendresse intarissable de son cœur ; tendresse si expansive !
toujours maintenue toutefois dans les li-
mites du devoir. Que de fois je l'entendis
me redire ces paroles si chrétiennes de la
reine Blanche à saint Louis, son fils : « Mon
ami, tu sais combien je t'aime ; cependant
je préférerais te voir mourir sous mes yeux,
que de te savoir coupable d'un péché mortel. »

Lorsque le Seigneur lui eut accordé de
réaliser le vœu de toute sa vie, et de venir,
dans le calme du presbytère, se mettre à

l'abri du contact du monde, c'est alors surtout qu'elle s'appliqua, plus que jamais, à resserrer les liens déjà si étroits qui l'unissaient à Dieu, et à faire de toute sa vie une continuelle retraite. La prière était son occupation la plus ordinaire, et les désirs de l'éternité, presque les uniques pensées qui alimentaient son cœur.

Tant que sa vue lui permit de s'aider d'un livre, je la vis chaque jour réciter l'office de la sainte Vierge ; mais lorsque, sa vue s'affaiblissant, elle dut forcément renoncer à la lecture, son chapelet lui tenait lieu de tout. Le rosaire-vivant, le chapelet de Notre-Dame des Sept-Douleurs, celui de l'Immaculée Conception, partageaient presque toute sa journée ; et, après avoir prié pour tous ceux qui lui étaient chers, pour les âmes du purgatoire, pour la sainte Église, pour la conversion des pécheurs, etc., elle aimait à cesser les prières vocales, et à méditer longuement, sans agiter les lèvres, le

Pater et la Salutation angélique. Je la vois encore, la tête tournée vers la Croix ou vers l'image de la sainte Vierge, les yeux baissés, l'air recueilli et les lèvres souriantes, au milieu des joies de son entretien intérieur !

Laissez-moi vous donner l'intelligence de cette confiance sans bornes en la protection de la sainte Vierge, confiance qui ne l'abandonna pas jusqu'au dernier soupir. Elle fut le fruit suave qui s'est mûri insensiblement pendant le cours de sa sainte vie.

Son occupation la plus ordinaire, celle qui lui offrait le plus de charmes, était de tresser des couronnes de fleurs, qu'elle déposait pieusement sur quelque statue de la Mère de Dieu. Ainsi chaque samedi la revoyait couronner les statues qui ornent chacune de nos chambres ; et chaque couronne offerte était une supplication particulière. Il lui semblait que le parfum des fleurs s'élevait vers la Mère des miséricordes, et en faisait descendre des faveurs sur elle, sur son mari, sur son fils, sur la paroisse, sur sa famille, sur ses amies, etc. Aussi s'empressait-elle de les renouveler dès qu'elle les voyait perdre leur fraîcheur. « Celle-ci, me disait-elle, t'est destinée ; je la dépose sous le regard de Marie, sur la tête de l'enfant Jésus, afin que, sous sa protection, tu sois un bon prêtre, digne de continuer la mission de son divin Fils. »

Que de fois, lorsqu'elle se croyait seule, l'ai-je entendue, à son insu, chanter à voix basse, en déposant sa couronne, le cantique :

> Vierge, reçois cette couronne,
> Et qu'elle soit le gage heureux
> De celle qu'auprès de ton trône
> Tu nous réserves dans les cieux.

O souvenirs mille fois bénis ! souvenirs si chers à mon cœur de la tendre dévotion de ma Mère ! inspirez-moi toujours ; et que la source si pure de sa piété ne tarisse pas, mais coule encore dans le cœur de son fils !

Le samedi lui était cher : c'était son jour de communion par excellence. Lui annoncer l'approche d'une fête de la sainte Vierge, c'était lui dilater l'âme, et l'engager à redoubler ses dispositions à la Table sainte. « Mon ami, me disait-elle un jour, je dois tant à la sainte Vierge, elle a tant fait pour moi, que je désire, toute ma vie, voir brûler un cierge devant son autel, aux jours qui lui sont consacrés. » Et jamais elle ne faillit à ce pieux désir.

Vierge sainte, vous qui, du haut du ciel, avez tant de fois recueilli les ferventes prières de ma tendre Mère, vous savez sa foi, sa confiance aux pieds de vos autels ! n'était-ce pas l'abandon d'une fille parlant à sa mère ? quelle vivacité de foi ! quelle plénitude de confiance !

Combien j'étais heureux de recueillir ces aveux que si souvent elle me fit avec son abandon ordinaire : « Mon ami, je ne sais si tu me ressembles ; mais, quand je prie la sainte Vierge, je me crois toujours au pied de son trône ; il me semble la voir toute rayonnante de gloire, vêtue d'un long vêtement d'une éclatante blancheur, et je lui parle comme à toi-même ; il me semble qu'elle me répond et que, d'un signe de tête, elle me dit qu'elle va porter ma prière aux pieds de son Fils. »

Quelle foi l'accompagnait à la Table sainte lorsque, trois fois la semaine, elle recevait la sainte communion ! avec quelle ferveur naïve elle demandait à Notre-Seigneur les grâces qu'elle voulait obtenir !

Chaque jour, avec sa piété habituelle, elle entendait la sainte Messe, après laquelle elle ne manquait jamais son quart d'heure d'action de grâces ; et, le jour où elle était privée de ce précieux avantage, s'unissant par la pensée aux prêtres, qui, dans le monde entier, offrent à Dieu la victime du salut, l'heure accoutumée la revoyait à l'église, où elle priait comme d'ordinaire.

Elle mettait une exactitude semblable à faire, l'après-midi, la visite au très-saint Sacrement; un obstacle insurmontable était seul capable de la lui faire omettre.

Chaque matin, à son réveil, ses lèvres avaient soif d'une pieuse invocation; sa première parole était à Dieu, pour lui donner son cœur et lui offrir les actions de la journée; et, le soir encore, elle voulait ne s'endormir que dans de saintes pensées, tenant à la main le chapelet, qui toujours charmait ses longues insomnies.

Ainsi, Seigneur, vous laissiez croître et se développer les germes de sainteté, que votre grâce avait déposés dans son âme. Si fortement incliné vers le bien, l'arbre ne devait-il pas tomber du côté où il avait constamment penché?

Ces précieux et si édifiants souvenirs,

chers parents, devaient être d'abord pour vous seuls, et demeurer manuscrits ; mais les prières réitérées de personnes dévouées à ma tendre Mère m'ont amené à les livrer à l'impression. Ce sera vous en faciliter la lecture, et vous offrir à tous un moyen de conserver entre vos mains et de transmettre à vos enfants cet humble monument, que ma piété filiale élève à la mémoire de la meilleure des Mères.

L'ABBÉ C. PETIT.

Sur la tombe de celle que nous pleurons s'élève une colonne en marbre blanc, sur laquelle vous liriez :

BIENHEUREUX SONT CEUX QUI MEURENT DANS LE SEIGNEUR!
HEUREUX LES CŒURS PURS, PARCE QU'ILS VERRONT DIEU.

A LA MÉMOIRE

DE ÉLÉONORE LÉMEREZ

ÉPOUSE DE BASILE PETIT

DÉCÉDÉE AU PRESBYTÈRE DE JUVIGNY

LE V NOVEMBRE MDCCCLXII

DANS SA LXIIE ANNÉE

ELLE A PASSÉ EN FAISANT LE BIEN
SA MÉMOIRE EST EN BÉNÉDICTION
PRIEZ DIEU POUR LE REPOS DE SON AME